होली है

महेंद्र कुमार वर्मा

आदरणीय स्वामी अनुरागी जी

दो शब्द

फागुन का महीना आते ही मौसम खिलने लगता है ,टेसू वन कानन में अपने रंग बिखेरती है। अमिया की डाली मंजरी से महकने लगती ,खेतों में पीली पीली सरसों अपना अद्भुत रंग दिखाती है। और जीवन के अद्भुत रंग बिखेरती होली आ जाती है। होली है इस संग्रह का नाम है। इस संग्रह में होली के रंग बिखेरती बाल कविताएं हैं , होली की मस्ती भरी कहानियां हैं तथा होली की पिचकारी बरसाती बाल नाटिका है। इस अवसर पर मै अपने गुरू जी स्वामी अनुरागी जी स्मरण करना चाहता हूँ ,जिनका आशीर्वाद मुझ पर हमेशा बरसता रहता है।मात पिता का स्नेहिल आशीर्वाद मुझ में ऊर्जा भरता है तथा परिवार का स्नेह मुझे हमेशा लिखने के लिए प्रेरित करता है।इस पुस्तक की पांडुलिपी बनाने जैसे कठिन कार्य मेरे दोनों पुत्रों जतिन तथा मनीष के सहयोग से ही संभव हुआ।अंत में अपने ईश्वर को याद करना चाहता हूँ जिनकी असीम कृपा से ही मै कुछ लिख पा रहा हूँ।

होली है / महेंद्र कुमार वर्मा

Contents

होली है / महेंद्र कुमार वर्मा

होली है / महेंद्र कुमार वर्मा

होली है / महेंद्र कुमार वर्मा

होली है / महेंद्र कुमार वर्मा

होली गीत संग्रह

रंग अनोखे लाई रेल

होली जी की आई रेल ,
रंग अनोखे लाई रेल।

रंग भरे गुब्बारे थे ,
पिचकारी फव्वारे थे ,
हरे गुलाबी नीले पीले,
होली है / महेंद्र कुमार वर्मा

अद्भुत रंग नजारे थे।

स्टेशनों पे धूम मचाती ,
आई रंगों वाली रेल।

कोई ढपली ले के आया,
फाग सभी के मन को भाया ,
सब नाचे थे ढोल थाप पे ,
होली ने सबको हरषाया।

फूलों वाली होली ले के ,
महक लुटाती आई रेल।

***

फूल रंग से खेलो होली

आ हमजोली
खेलें होली।

हरे गुलाबी
नीले पीले
खुशियां लाते
रंग. छबीले।

पर रंगों से
नहीं खेलना ,
रंग अजनबी
शूल चुभोते ।

लाल गुलाबी
होली है / महेंद्र कुमार वर्मा

मन भरमाते
पर वो होते
जरा नशीले।

रंग बनाओ
फूलों वाले
गेंदा गुलाब
टेसू लाओ

फूल रंग से
खेलो होली
मजे उड़ाओ
ओ हमजोली।

***

होली की पहचान

खुशियों भरे गुलाल हों, फूलों के हों रंग,
आओ सब मिलके करें, होली में हुड़दंग।

होली के त्यौहार में, उड़ता रहा गुलाल,
रंगों के बौछार से, भरे दिलों के ताल।

होली जमके खेलिए, पर इतना हो ध्यान,
फूहड़ता होती नहीं, होली की पहचान।

होली देती है ख़ुशी, होली देती मान,

होली है / महेंद्र कुमार वर्मा

सूखी होली खेल के,पानी बचा सुजान।

छेड़छाड़ करना नहीं,होली कहे पुकार,
नहीं छोड़ना सभ्यता,छोटू अबकी बार।

लाया दावत ख़ुशी के ,होली का त्योहार ,
गुझिया,चकली रसभरे,करें ख़ुशी इजहार।

फागुन आया झूम के ,मौसम हुआ मलंग ,
महुआ मदमाने लगा ,बिखरे टेसू रंग।

हुई उदासी उड़न छू,छाई मस्त बहार ,
होली लेकर आ गई ,रंग गुलाल खुमार।

रंगों की अपनी ख़ुशी ,रंगों का उल्लास,
अनगिन रंग लेके चली ,होली अपनों पास।

होली के रंग में खुला ,मन का बंद कपाट,
थिरक उठी ये जिंदगी ,खुशियां हुई विराट।

होली शुभ हो आपकी,बरसे रंग हजार ,
मुखड़े पे होता रहे ,शुभ गुलाल का वार।

दिल से होली खेलिये,मिलकर गले हुज़ूर ,
इस होली में कीजिये, शिकवे दिल से दूर।

होली है / महेंद्र कुमार वर्मा

***

आओ करें धमाल

लेकर रंग गुलाल,
आओ करें धमाल।

बरसे ऐसीं बौछारें,
मौसम होए निहाल।

महकेंगे ये गलियारे ,
तू रंग टेसू के डाल।

हरे गुलाबी पीले नीले ,
मस्ती से भरे गुलाल।

अगर लड़ोगे प्यारे ,
होगा बड़ा बवाल।

जो नाच रहे मस्ती में,
उनपे तू रंग उछाल।

होली में हो जाए ,
मस्ती भरा धमाल।

होली है / महेंद्र कुमार वर्मा

***

रंगों का भूचाल

हरे गुलाबी नीले लाल,
आएगा रंगों का भूचाल।

होली में हंगामा होगा,
बिखरेंगे सतरंगी जाल।

होली लाएगी अपने संग.
रंग रंगीले मस्त सवाल।

नाचेंगे जम के हुरियारे ,
उसमे होगा सुर ना ताल।

काकी देंगी मीठे रसगुल्ले,
काका लाएंगे गुझिया थाल।

राबके मुखड़े रंगीले होंगे,
कोई नीला कोई लाल।

होली जी का देख धमाल,

आएगा रंगों का भूचाल।

होली है / महेंद्र कुमार वर्मा

***

बहार है होली

रंगारंग बहार है होली,
टेसू की मनुहार है होली।

पिचकारी लेके सब निकले,
रंगों भरी फुहार है होली।

हरे गुलाबी लाल बैगनी,
रंगों की झंकार है होली।

थिरक रहे सब ढोल थाप पे,
मस्ती से गुलजार है होली।

गुझिया बरफी शक्कर पारे,
मिष्ठानों का प्यार है होली।

गले मिल रहे सभी प्रेम से,
खुशियों का त्यौहार है होली।

होली जी की चिट्ठी आई

छोटी सी पिचकारी लाई ,
चिड़िया फूली नहीं समाई।

होली है / महेंद्र कुमार वर्मा

बन्दर लाया रंग अनोखे ,
जिसे देख हिरणी शरमाई।

गदहा लाया आतिशबाजी ,
सबमें रंग भरा था भाई ,

भालू गैया को ललकारे ,
मुझको रंग लगाओ ताई।

मूष देख के बिल्ली बोली,
आओ कर लें मेल मिलाई।

शेर दहाड़ा अपने घर से ,
आओ सब मिल चखें मिठाई।

होली जी की चिट्ठी आई ,
सबने पाई खूब बधाई।

***

हवा हवाई होली आई

हवा हवाई होली आई ,
सबको देखो मस्ती छाई।

हुल्लड़ हल्ला धूम धड़ाका,
होली संग ठिठोली लाई ।

होली है / महेंद्र कुमार वर्मा

सबके मुखड़े रंगे अजीब ,
रंगों से होली हरषाई।

नाच रहे बच्चे मस्ती में ,
होली फूली नहीं समाई।

गुझिया बर्फी शक्कर पारे ,
नानी झोली भर के लाई।

रंग बिरंगे देख सभी को ,
होली बोली बाई बाई।

***

होली कर गई ख़ुशी बहाल

पर्व में बिखरा रंग गुलाल ,
सभी हैं होली में खुशहाल।

खुशियां बिखरीं निखरी चाहत,
मिलकर गले मिट रहे मलाल।

सिंदूरी हो रहा है अम्बर ,
हुआ धरती में रंग धमाल।
होली है / महेंद्र कुमार वर्मा

हवा हो गई लाल गुलाबी ,
देख मौजी का नाच कमाल।

खुशियों से उत्साहित हैं सब ,
मोनू चीकू मून गोपाल।

हुरियारों का नाच देख के ,
काकी लाई मिठाई थाल।

सभी हैं होली में खुशहाल ,
होली कर गई ख़ुशी बहाल।

***

होते हैं मेहमान गुलाल

हुरियारों की शान गुलाल,
होली का अभिमान गुलाल।

सबके मुखड़े खूब बिगाड़ें,

होली है / महेंद्र कुमार वर्मा

होते प्यारे शैतान गुलाल।

हरे गुलाबी खुशबू वाले,
मस्ती के तूफ़ान गुलाल।

पावन रंगों से करते हैं,
सबका ही सम्मान गुलाल।

दिल में जगाते प्रेम की धारा,
भारत की पहचान गुलाल।

करें ठिठोली जम कर यारों,
खुशियों की दूकान गुलाल।

रंगों से जल अपव्यय होता ,
नीर बचाते गुणवान गुलाल।

आते हैं इक बार साल में ,
होते हैं मेहमान गुलाल।
***

ये होली फरमान

रंगों से हो दोस्ती,
हो गुलाल से मेल।

होली है / महेंद्र कुमार वर्मा

मस्ती में तू डूब के,
दिल से होली खेल।।

होली का उल्लास है,
है उमंग हर ओर।
खुशियाँ मस्ती मौज का ,
दिखा न कोई छोर। ।

होली रंग गुलाल का ,
नाम नहीं है मीत।
ये तो मन का प्रेम है,
खुशियों का संगीत। ।

होली के सम्मान में,
रंग अबीर गुलाल।
छेड़ रहे संगीत का ,
देख नया सुरताल। ।
--
होली के उल्लास में,
मत करना व्यवधान।
सबसे मिलना प्रेम से ,

ये होली फरमान। ।
***

खेलने आए होली

होली है / महेंद्र कुमार वर्मा

होली के हुड़दंग में, उड़ता रंग गुलाल ,
सारे करते मस्तियाँ,सब ही करें धमाल ,
सब ही करें धमाल, खेलने आए होली ,
सबके मन में जोश ,उमंगित हैं हमजोली,
कहें 'धीर'कविराय ,नचे हुरियारे टोली,
लेके सभी गुलाल ,खेलने आए होली।

***

पिचकारी है

होली है पिचकारी है ,
बच्चों की किलकारी है।

रंगों के फव्वारों से ,
खुशियों की फुलवारी है।

उड़े गुलाल मुस्कुराते ,
हवा सुगन्धित न्यारी है।

नाच दिखाया सोनू ने ,
अब चीकू की बारी है।

गले मिले सब आपस में,
सबकी सबसे यारी है।

हारेंगे सारे दुखड़े ,

होली है / महेंद्र कुमार वर्मा

होली जीत हमारी है।

होली खुशियों वाली जी ,
रंग भरी पिचकारी है।
***

होली सबके मन को भाया

छोटा हाथी बौछारों से
सबको रंगों से नहलाता ,
होली का है मजा निराला
होली सबके मन को भाता।

चढ़ा पेड़ पे मोनू बन्दर
मारे रंगों के गुब्बारे ,
जिसे लगा वो चीखा जम के
उसको आए नजर सितारे।

होली संध्या गीत सभा में ,
गदहा ढेंचू ढेंचू गाया ,
कागा कांव कांव चिल्लाया
कोयलिया ने गीत सुनाया।

हाथी चीते शेर गधे की

होली है / महेंद्र कुमार वर्मा

बन्दर जी ने नकल उतारा ,
हँसते हँसते बड़े मजे से ,
अपना जंगल झूमा सारा।

फिर शाही भोजन का सबने ,
बड़ी ख़ुशी से लुत्फ़ उठाया ,
खुशियां थिरक उठी जंगल में ,
होली सबके मन को भाया।
***

महके रंग गुलाल

मन का मिटा मलाल अबकी होली में,
महके रंग गुलाल अबकी होली में।

हुरियारों का नृत्य देख सभी बोले.
कैसा किया कमाल अबकी होली में।
सबके मुखड़ों पर प्यारे से चित्र बने ,
सभी हुए बेहाल अबकी होली में।

गोरे मुख पे रंग डाल के सभी डरे,
दिखा चाँद खुशहाल अबकी होली में।

थानेदार की बीबी को रंग डाला .
मुखड़ा फटा रुमाल अबकी होली में।
साली रूठी ,यार खफा हुए सारे ,
होली है / महेंद्र कुमार वर्मा

ऐसा मचा बवाल अबकी होली में।

***

झूमे फ़ोकट लाल

होली के हुड़दंग में ,लाला फोकट लाल ,
रंग गुलाल लाए नहीं , ठोंक रहे थे ताल .
ठोंक रहे थे ताल ,सभी को गुस्सा आया .
सबने उन्हें पकड़ ,होद में फिर नहलाया,
कहें 'धीर'कविराय ,खाकर जोश की गोली ,
झूमे फ़ोकट लाल,ख़ुशी से डोली होली।

***

रंगपर्व शालीन मनाना

रंगों के ले कर नज़राने,
ख़ुशी भरी मुस्कान सजाने,
प्रेम धरा पे खूब बहाने,
आई है होली रंगीली ,
धूम मचाने रंग जमाने।

खिली सभी तरफ ख़ुशी तरंग,
मस्ती वाली छन रही भंग,
पी के कालिया हुआ मलंग,
आई होली मस्ती वाली ,
दिलों में सब के जगी उमंग।
होली है / महेंद्र कुमार वर्मा

मुखड़ों का आकार बिगाड़ा,
परिधानों का किया कबाड़ा,
हर चौराहा बना अखाड़ा ,
कीचड़ देख रंग के बदले ,
होली जी ने खूब लताड़ा।

आपस में सब प्रीत बढ़ाना ,
दूजों का दिल नहीं दुखाना,
नहीं किसी से बैर भंजाना ,
होली करती सबसे आग्रह,
रंग पर्व शालीन मनाना।
***

फागुन करे कमाल

फागुन करे कमाल अबकी होली में,
सारे हों खुशहाल अबकी होली में।

आत्म मुग्धता मुझको दे गई गाली
बिगड़ गए सुरताल अबकी होली में।

साली हँसी अपनी बीबी मुस्काई ,
खुशियां रहीं बहाल अबकी होली में।

यार रहे नाराज मन भी खिन्न रहा,
खुद पर उठे सवाल अबकी होली में।
होली है / महेंद्र कुमार वर्मा

कौन है गैर किसे हम अपना माने.
सब से मिटे मलाल अबकी होली में।

रंग तरंग भंवर में उलझे सब यार,
ऐसा हुआ बवाल अबकी होली में।

***

आ हमजोली खेलें होली

फूल रंग से खेलैं होली ,
खुशियों से भर लें हम झोली ,
लाए हैं गुलाल अलबेले ,
रंग कर रहे अजब ठिठोली
आ हमजोली खेलें होली।

ढोल थाप पे थिरक रहा है ,
देखो भोलू बहक रहा है ,
गोलू लाया गन पिचकारी ,
मारे बौछारों की गोली।
आ हमजोली खेलें होली।

सब आपस में गले मिल रहे,
रंग से सब मुखड़े खिल रहे ,
लेकर ढोल मंजीरा देखो
निकली हुरियारों की टोली ,
आ हमजोली खेलें होली।

होली है / महेंद्र कुमार वर्मा

***

हरषाई होली

ख़ुशी तराने लाई होली ,
मस्ती में इठलाई होली।

सबके मुखड़ों पर मुस्काने ,
देख देख हरषाई होली।

हरे गुलाबी नीले पीले,
रंग फुहारें लाई होली।

नकली रंगों से जो खेले ,'
उन्हें देख झल्लाई होली।

हुरियारों का नृत्य देख के ,
मस्ती में मुस्काई होली।

सबके दिल में प्रेम जगाने ,
लाई ख़ुशी गुलालें होली।

***

होली है / महेंद्र कुमार वर्मा

खेलो होली

रंगों की भर लाओ झोली।
मिलजुल के सब खेलो होली।

नाचो गाओ ख़ुशी मनाओ ,
करो सभी के संग ठिठोलो।

करो रंग की खूब लड़ाई ,
पर अपनी मीठी हो बोली।

ख़ुशी रंग बरसाते आई , ,
अपनी हुड़दंगों की टोली।

जब आई गुजियों की थाली ,
टूट पड़े सारे हमजोली।
***

सबको मले गुलाल

नटखट बन्दर कर रहा,उछल कूद का खेल,
होली के उत्साह में ,चली ख़ुशी की रेल ,
चली ख़ुशी की रेल ,रंग की उड़ीं फुहारें,
होली है / महेंद्र कुमार वर्मा

गदहा गाता फाग ,नाचते गीदड़ प्यारे ,
ले पिचकारी रंग,सभी निकले हैं झटपट,
सबको मले गुलाल,दुलारा बन्दर नटखट।

***

मौज मनाओ

खुशियों वाले गीत सुनाओ ,
मस्ती वाले गाने गाओ।

छम छम करती आई होली ,
ठुमके मारो नाच दिखाओ।

प्रीत बढ़ाने होली आई,
सबको ख़ुशी गुलाल लगाओ।

जिस गरीब को देखो भूखा ,
उसके घर पकवान भिजाओ।

हँसी ख़ुशी का गीत है होली ,
यारो सब मिल मौज मनाओ।

***

होली है / महेंद्र कुमार वर्मा

मुस्काई होली

रंग रंगीली आई होली
ख़ुशी सुहानी लाई होली।

कीच देख झल्लाई लेकिन,
'रंग देख मुस्काई होली।

रंग लगाते इक दूजे को ,
लेकर मस्ती आई होली।

हुरियारों का नाच देख के ,
फूली नहीं समाई होली।

गुझिया लड्डू थाल देख के ,
गुख में पानी लाई होली।

मनमुटाव को दूर हटा के ,
मन में खुशियां लाई होली।

अलबेले रंगों के मेले ,
लेकर देखो आई होली।

होली है / महेंद्र कुमार वर्मा

***

मुखड़ा लाल गुलाल

मुख पर रंगों ने रचे ,खुशियों भरे सवाल ,
हर सवाल पे हो रहा ,मुखड़ा लाल गुलाल।

अब गुलाल है गुमशुदा , सारे रंग फरार ,
दारू पी जन कर रहे ,आपस में तकरार।

धूमधाम से आ गया ,होली का त्यौहार ,
रंगों के मनुहार से ,छाई ख़ुशी बहार।

रंगों के हुड़दंग में ,बहे प्रीत की धार ,
होली के संगीत में ,थिरक रहे सब यार।

बुरा न मानो खेल के ,होली रंग धमाल ,
ये जीवन के रंग से ,होते मालामाल।

***

होली है / महेंद्र कुमार वर्मा

होली आई हवा हवाई

हर दिल की कलियाँ मुस्काई ,
होली आई हवा हवाई।

रंगों के नव बौछारों ने ,
करी ख़ुशी की खूब कमाई।

अब गुलाल खामोश नहीं है ,
उसने खुशियां खूब लुटाई।

हुरियारों का जोश देख के ,
मन की कली कली इठलाई।

ये जीवन होली का नगमा ,
इससे दुख की करो बिदाई।

***

होली है / महेंद्र कुमार वर्मा

रंग बहारें लाई होली

खुशियों वाली आई होली
रंग सुहाने लाई होली।

देख अनोखे रंग प्रीत के,
मन ही मन मुस्काई होली।

नीले पीले हरे गुलाबी ,
रंग बहारें लाई होली।

ढोल थाप पे नाचें सारे ,
उन्हें देख मुस्काई होली।

मिष्ठानों के थाल देख के ,
मुख में पानी लाई होली।

रंग अनोखे लाई होली

सबके मन को भायी होली
रंग अनोखे लाई होली।

होली है / महेंद्र कुमार वर्मा

खुशियों के अनमोल खजाने ,
रंगों से बिखराई होली।

देख प्रीत के रंग सुहाने ,
फूली नहीं समाई होली।

देख मिलावट भरे रंग को ,
मन ही मन थर्राई होली।

थिरक रहे सारे हुरियारे ,
उन्हें देख मुसकाई होली।

नीले पीले हरे गुलाबी ,
रंग बहारें लाई होली।

गुझिया पपड़ी शक्करपारे ,
और अनरसे लाई होली।

***

होली है / महेंद्र कुमार वर्मा

होली का उत्सव

फूल हँसे कलियाँ मुस्काई ,
होली आई हवा हवाई।

पिचकारी की बौछारों से ,
रंग सुहाने होली लाई।

अब गुलाल खामोश नहीं है ,
उसने खुशियां खूब लुटाई।

हुरियारों का जोश देख के ,
ढोल बजे मस्ती इठलाई।

ये जीवन होली का उत्सव
इससे दुख की करो बिदाई।
***

होली है / महेंद्र कुमार वर्मा

प्रीत गुलाल

हरे गुलाबी नीले लाल ,
खुशियां बांटें प्रीत गुलाल।

होली के रंग से मिल के ,
सबको करते लालमलाल।

खुशबू वाले हरे गुलाल ,
करते सबको खूब निहाल।

नाच रहे सब होली वीर ,
ढोल बजाए कालू लाल।

रंग बिखेरें खुशियों वाले,
जीवन में हर साल गुलाल।
***

होली है / महेंद्र कुमार वर्मा

प्रेम फुहारें

अनजानी खुशियाँ लाते होली के रंग ,
मन के सब को हर्षाते होली के रंग।

हरे बैंगनी रंग गुलाबी पीले लाल ,
प्रेम फुहारें बरसाते होली के रंग।

कोई नहीं गरीब और न कोई राजा,
सब पर प्रीत लुटाते ये होली के रंग।

नाच रहे हैं मौज में होली हुरियारे ,
मस्ती में हुल्लड़ करते होली के रंग।

अजनबी हवा भी अपनी लगतीं हैं मीत ,
फाग सुहाने गाते हैं होली के रंग।
***

होली है / महेंद्र कुमार वर्मा

होली धमाल

लेकर प्रीत गुलाल,
आओ करें धमाल।

मार रंग बौछार,
सबके हाल बिगाड़।

थिरक रहे रघुवीर,
दीनू और जमाल।

टेसू वाले रंग,
इनकी महक कमाल।

हरे गुलाबी लाल,
मस्ती करें गुलाल।

अगर लड़ोगे वीर,
होगा बड़ा बवाल।

जो होली से डरे,
उनपे रंग उछाल।

होली में हो जाए,
मस्ती भरा धमाल।

होली है / महेंद्र कुमार वर्मा

***

अबकी बार होली में

मन का मिटा मलाल अबकी बार होली में,
फिर से उठा सवाल अबकी बार होली में।

हुरियारों का नाच देख के बोले सारे ,
कैसा किया कमाल अबकी बार होली में।

बने हुए थे सबके मुख पे रंग बिरंगे चित्र ,
सबने किया धमाल अबकी बार होली में।

रंग डालने से तुम मत डरना होली में ,
सब पे रंग उछाल अबकी बार होली में

बीबी साली न छूटे सब पे बरसा रंग ,
सबको लगा गुलाल अबकी बार होली में।
***

होली है / महेंद्र कुमार वर्मा

हुड़दंग

होली के हुड़दंग में ,लाला फोकट लाल ,
रंग पास में था नहीं ,फेंकें लाल गुलाल .
फेंकें लाल गुलाल ,सभी को ये ना भाया .
सबने उन्हें पकड़ ,सत रंग से नहलाया,
फ़ोकट लाल ने तब ,भंग की खाई गोली,
फिर झूमकर नाचे .कि दंग रह गई होली ..

होली के दिन दनादन,सब पे डालो रंग.
भौजी को टीका लगा ,साली को कर तंग
साली को कर तंग,मगर साले से बचना ,
सब नाचेंगे खूब,सब के संग तू नचना,
कहें धीर कविराज ,ठिठोली कर फिर अनगिन ,
खूब मचा तू धूम,मस्ती कर होली के दिन।

***

होली है / महेंद्र कुमार वर्मा

होली का नगमा

फूल हँसे कलियाँ भी डोली ,
धूम मचाने आई होली ।

रंगों के लेके नजराने ,
कर ली सब ने खूब ठिठोली।

अब गुलाल ने रंग जमाया ,
पिचकारी ले आई भोली। ।

ढोल थाप पे नाच रही है ,,
मस्ती में होली की टोली।

ये जीवन होली का नगमा ,
गाते जाएं सब हमजोली।

***

होली है / महेंद्र कुमार वर्मा

लगा गुलाल

जो होली से डर रहा ,रंग न उस पर डाल,
उससे मिलकर तू गले ,जम के लगा गुलाल।

दिल से होली खेलिये,मिलकर गले हुजूर ,
इस होली में कीजिये शिकवे दिल से दूर।

होली शुभ हो आपकी,बरसे रंग हजार ,
मुखड़े पे होता रहे ,शुभ गुलाल का वार।

होली के हर रंग में , बसा अनोखा प्यार ,
थिरक रहे हैं हर कदम ,ढोल थाप पे यार।

***

होली है / महेंद्र कुमार वर्मा

खेलो होली

होली आई झूम के ,लेकर रंग गुलाल,

पर रंगों के पर्व में,करना नही बवाल,

करना नही बवाल,सभी साथी बन खेलो,

गले मिलो सब यार,नही दूजे को ठेलो,

करना सीखो प्यार,बनो सारे हमजोली,

मस्ती का त्यौहार, मजे से खेलो होली।

***

होली है / महेंद्र कुमार वर्मा

होली में हुड़दंग

खुशियों भरे गुलाल हों,फूलों के हों रंग,
आओ सब मिल के करें,होली में हुड़दंग।

होली के त्यौहार में,उड़ता रहा गुलाल,
रंगों के बौछार से,भरे दिलों के ताल।

दुश्मन से भी खेलते ,नेता होली खेल ,
अब चुनाव के रंग में , होगा उनका मेल।

वो कीचड़ से खेलते,होली सालम साल ,
रंग उन्हें भाते नहीं ,रखते दूर गुलाल।

होली के त्यौहार का ,बिखर रहा हर साज ,
नकली रंग गुलाल से ,पीड़ित हुआ समाज।

***

होली है / महेंद्र कुमार वर्मा

होली के अलबेले रंग

नटखट नएं नवेले रंग ,
होली के अलबेले रंग।

मस्ती कर उत्साह जगाते ,
होली मिलकर सभी मनाते ,
कोई बच न जाए रंग से ,
ऐसी जुगत सदैव लगाते।

करते नए झमेले रंग ,
होली के अलबेले रंग।

झूम झूम के धूम मचाते ,
पिचकारी से रंग बरसाते ,
उड़ता गुलाल मिटता मलाल ,
इक दूजे को गले लगाते।
करें कटाक्ष करेले रंग ,
होली के अलबेले रंग।

होली सब शालीन मनाना ,
खुश गुलाल से ख़ुशी जताना ,
कीचड़ से रखना कुछ दूरी ,
सबको अपना मीत बनाना।
खुशियों के मेले हैं रंग ,
होली के अलबेले रंग।
***
होली है / महेंद्र कुमार वर्मा

हर्षीले रंग

करें मौजमस्ती हुड़दंग
होली के भड़कीले रंग।

धूम मचाते
ख़ुशी लुटाते
हंगामा कर
खूब नाचते।

मन गुलाल ,तन रंगारंग ,
होली के सपनीले रंग।

चीकू दौड़ा
सोनू भागा
रंग --गुब्बारे
कुश ने दागा।

मुखड़ों पर खिल रहे तरंग ,
होली के चटकीले रंग।

होली है / महेंद्र कुमार वर्मा

गुझिया पपड़ी
शक्करपारे
बर्फी --चकली
चलो पुकारे।
लाई मस्ती खुशी उमंग ,
होली के हर्षीले रंग।

***

रंग गुलाल

होली खेलन आ गए ,लाला सुमी लाल ,
आकर वो कहने लगे ,डालो रंग गुलाल ,
डालो रंग गुलाल ,अरे तुम मत शरमाना ,
डालो खुल कर रंग ,कोट है फटा पुराना ,
बच्चे बोले बॉस ,करो मत अभी ठिठोली ,
कोट बदलिए आप ,तभी खेलेंगे होली।

***

होली हुल्लड़

होली हुल्लड़ हो रही ,गली गली में यार ,
पिचकारी से छूटती ,रंगों की बौछार ,
रंगों की बौछार ,सभी के मुखड़े बिगड़े ,
लाला पहने कोट ,लगे थे उसमें थिगड़े ,
नाच रहे हुरियार ,कर रहे हंसी --ठिठोली ,
है गुलाल भरपूर ,जोर से खेलो होली।

***

होली है / महेंद्र कुमार वर्मा

गुलाल लगाइये

होली का पावन त्यौहार ,गुलाल लगाइये ,
गा कर मस्त फाग मल्हार ,गुलाल लगाइये।

सजा खुशी के रंगों के मेले मेरे मीत ,
छोड़ के कीचड़ कोलतार ,गुलाल लगाइये।

घूम रही है गली में टोली हुरियारों की ,
यह ही है होली सरकार ,गुलाल लगाइये।

होली मौसम में भूलो यारों सभी मलाल ,
कीजिये सभी का सत्कार ,गुलाल लगाइये।

नीले पीले नारंगी ,खुशी उड़ाते रंग ,
करते होली की जयकार ,गुलाल लगाइये।

खुशी उल्लास मस्ती मौज जोश सद्भावना ,
होली के हैं रंग हजार ,गुलाल लगाइये।

***

होली है / महेंद्र कुमार वर्मा

सपनीले रंग

होली के सपनीले रंग ,
हरे गुलाबी पीले रंग।

डरते चेहरों पर देखा ,
अजब गजब शरमीले रंग।

हुरियारों के ठुमके देख ,
हो जाते मस्तीले रंग।

पिचकारी से निकले खूब ,
ख़ुशी भरे हरषीले रंग।

होली के जोश में देखो ,
बिखर रहे चमकीले रंग।

हंसी ठिठोली मस्ती मौज,
लाए हैं जोशीले रंग।

चित्र बनाते चेहरों पर ,
होली के सपनीले रंग।

***

होली है / महेंद्र कुमार वर्मा

आए होली वीर

रंग गुलाल सुहाने ले कर
आए होली वीर।

उनके दिलों में खूब जोश था ,
था उमंग भरमार ,
रंगों के संग बाँट रहे थे ,
खुशियों के अम्बार ,
चला रहे थे वो रंगों के
इंद्रधनुषी तीर,
प्रीत भरे नजराने ले कर
आए होली वीर।

ढोल थाप पर नृत्य कर रहे ,
बरस रहा अनुराग ,
खुशियों से सब के चेहरों पर
छलक रहा था फाग ,
उनकी मस्ती देख दंग थे
राह चलत राहगीर।
मस्ती भरे तराने ले कर
आए होली वीर।

प्रेम मैत्री सद्भावनाओं के ,
उड़ते रहे गुलाल ,

होली है / महेंद्र कुमार वर्मा

दुश्मन से भी गले मिल रहे ,
मिटते रहे मलाल ,
नफरत द्वेष दुराव की
टूटी सब जंजीर ,
भाईचारे का लेकर संदेशा
आए होली वीर।

***

कार्टूनी चेहरे

रंग रंगीली आई होली ,
खुशियां ढेरों लाई होली।

कार्टूनी चेहरे देखकर,
मंद मंद मुसकाई होली।

रंगों की छेड़मछाड़ देख ,
हुई मलंग मलाई होली।

जो कीचड़ से खेल रहे थे ,
उन्हें देख झल्लाई होली।

सबमें प्रीत देख कर साथी ,
फूली नहीं समाई होली।

लड्डू पेड़े बर्फी चमचम ,
होली है / महेंद्र कुमार वर्मा

देख देख हर्षाई होली।

हुरियारों का नृत्य देख कर ,
मस्ती में इठलाई होली।

लेकर मेले खुशियों वाले ,
धूम धाम से आई होली।
***

चेहरे होंगे पीले लाल

रंग से भरे हुए गुब्बारे ,
होली में फूटेंगे सारे ,
उड़ेंगे रंग अबीर गुलाल ,
चेहरे होंगे पीले लाल।
मोटू तो डर कर भागेगा ,
छोटू पिचकारी दागेगा ,
खुशियां थिरकेंगी सभी तरफ ,
होली में होगा रंग धमाल।

गले मिलेंगे सभी हुरियार ,
उड़ेंगे ख़ुशी के रंग हजार ,
सबके घर में होगी दावत ,
सजेंगे मिष्ठानों से थाल।
होली संग हुल्लड़ हुड़दंग ,
हंसी ठहाकों के सतरंग ,

होली है / महेंद्र कुमार वर्मा

रंग बिखेर फागुनी वाले ,
सब मिल करेंगे धूमधमाल।

कीचड़ कोलतार को त्यागो ,
नशेबाजी से दूर भागो ,
हम सबकी होली शिष्ट रहे ,
सब की ख़ुशी का रखो ख़याल।
उड़ेंगे रंग अबीर गुलाल ,
चेहरे होंगे पीले लाल।

***

नाच रहे हुरियार

होली लाई शहर में ,खुशियों भरी उमंग ,
होली के रंग में रंगे ,सब हो रहे मलंग ,
सब हो रहे मलंग ,पर्व का नशा छा रहा ,
नाच रहे हुरियार ,सगीना फाग गा रहा ,
सभी दिशा में चली ,ख़ुशी पिचकारी गोली ,
चले प्रीत के रंग ,लुटाती खुशियां होली।

***

होली है / महेंद्र कुमार वर्मा

फागुन की मस्ती

रंगों ने आवाज लगाई ,
होली आई होली आई।

बैगनी हरे गुलाबी लाल,
पिचकारियों ने किया कमाल,
थिरक उठी गुलाल से गलियां ,
सभी का हाल हुआ बेहाल।

रंगों ने बारात सजाई ,
होली आई होली आई।

मोटू डर कर भाग रहे हैं ,
गोलू सोते जाग रहे हैं ,
चीकू मीठी पिचकारी ले ,
रंग सभी पर दाग रहे हैं।

रंगों ने मस्ती छलकाई ,
होली आई होली आई।

कल्लू जी ने नाच दिखाया ,
बल्लू जी ने ढोल बजाया ,
फागुन की मस्ती में देखो ,
सबने होली खूब मनाया।

होली है / महेंद्र कुमार वर्मा

दी रंगों ने खूब बधाई ,
होली आई होली आई।
रंग अनोखे लाई होली

रंग अनोखे लाई होली ,
ख़ुशी बांटने आई होली।

सबके दिल में खिलीं उमंगें ,
देख --देख मुसकाई होली।

हरे गुलाबी पीले नीले ,
रंग ख़ुशी के लाई होली।

रंग संग कीचड़ जब देखा ,
जोरों से झल्लाई होली।

नाच देख कर हुरियारों का ,
फूली नहीं समाई होली।

मीठी चीकू तृषा के लिए ,
खूब मिठाई लाई होली।

रंग गुलाल सुहाने ले कर ,
धूमधाम से आई होली।

***

होली है / महेंद्र कुमार वर्मा

थिरक उठी पिचकारी

रंगों की ता ता थैया में ,
थिरक उठी पिचकारी।
रंग अबीर का डिस्को देख ,
खुश हुई दुनिया सारी।

नाचती गाती ,धूम मचाती
हुरियारों की टोली ,
मिलते गले ,मिटते मलाल
सुन कर मीठी बोली।

खुशियों का फरमान ,
हो गया सारे जग में जारी।
रंगों की ता ता थैया में
थिरक उठी पिचकारी।
***

होली है / महेंद्र कुमार वर्मा

होली वाले रंग

प्रीत लुटाते मन को भाते होली वाले रंग ,
हर दिल में उत्साह जगाते होली वाले रंग।

हरे गुलाबी नीले लाल लगते है चितचोर ,
खुशियों की सौगातें लाते होली वाले रंग।

छोटों बड़ों सभी का मन ये हरदम हरषाते ,
हंसी ठिठोली करें तमाशा होली वाले रंग।

सारे मुखड़े लगते हैं रंग से बने पोस्टर ,
चित्रकारियां बना रहे ये होली वाले रंग।

दिलों में बच्चों के भर जाते हैं ये जोश उमंग ,
हंसते गाते ख़ुशी लुटाते होली वाले रंग।
***

होली है / महेंद्र कुमार वर्मा

रंगीले मुखड़े

देख जरा रंगीले मुखड़े ,
होली में भड़कीले मुखड़े।

नहीं रोग है उनको कोई ,
फिर भी उनके पीले मुखड़े।

रंगों का आपा धापी में ,
बिगड़ रहे चमकीले मुखड़े।

झाँक रहे खिड़की से देखो ,
कितने हैं शरमीले मुखड़े।

होली में हुल्लड़ हंगामा ,
करें सदा मस्तीले मुखड़े।

नाच रहे हुरियार मौज में ,
कितने है, हरषीले मुखड़े।

होली के उल्लास से सजे ,
सब के हैं जोशीले मुखड़े।

***

होली है / महेंद्र कुमार वर्मा

गुलाल मलो

ये होली त्यौहार ,गुलाल मलो ,
हर्ष उमंग अपार ,गुलाल मलो।
सभी मिटाओ मन से बैर भाव ,
गले मिलो सब यार ,गुलाल मलो।

नफरत भूल ,प्रीत को अपनाओ,
दुश्मन से हो प्यार ,गुलाल मलो।
होली सब मिल के खूब मनाना ,
करो सभी इकरार ,गुलाल मलो।

नाचो गाओ धूम मचाओ सब ,
डालो रंग बौछार ,गुलाल मलो।
होली में गुजिया बरफी पपड़ी ,
खाओ मिलजुल यार,गुलाल मलो।
मिल जुल होली खेलो खूब सभी ,
करो पर्व गुलजार ,गुलाल मलो।

***

होली है / महेंद्र कुमार वर्मा

रंग धमाल

रंग गुलाल हो रहे निहाल ,
होली पर्व में सब खुशहाल।

खुशियां बिखरी ,चाहत निखरी ,
मिल कर गले मिट रहे मलाल।

आसमान हो रहा गुलाबी ,
कर रही धरती रंग धमाल।

बौछारें रंगो की बरसीं ,
चीकू गोपाल करें कमाल।

हुरियारों का नाच देख के
ढपली बजाए गोपी लाल।

रंग बिरंगे मुखड़े सबके ,
कौन है हीरा कौन जमाल।

खुशियों के नजराने लेकर ,
आ गई होली फिर इस साल।

***

होली है / महेंद्र कुमार वर्मा

आई होली धूम मचाने

खुशियों वाले लिए तराने ,
आई होली धूम मचाने।

पिचकारियां करे रंग प्रहार ,
चेहरों का बिगड़ा आकार ,
हरे ,गुलाबी, लाल ,बैंगनी ,
रंगों के अम्बार सजाने ,
आई होली धूम मचाने।

ढोल थाप पर थिरक रहे हैं ,
मस्ती करते मटक रहे हैं ,
हुरियारे कर रहे तमाशा ,
गली गली वे भटक रहे हैं।

हँसी ठिठोली के नजराने ,
लाई होली धूम मचाने।

गले मिल रहे हैं सभी यार ,
प्रेम मैत्री की चली बयार ,
बैर भाव नफरत सब भूले ,
सबके दिलों में जागा प्यार।
एक सभी हैं ये बतलाने ,
आई होली धूम मचाने।
***

होली है / महेंद्र कुमार वर्मा

एक हो अपनी टोली

होली लाई शहर में ,खुशियों के अम्बार ,

प्रीत रंग में सभी रंगे ,ख़ुशी हुई गुलजार,

ख़ुशी हुई गुलजार ,पर्व का नशा छा रहा ,

नाच रहा है राज ,जीत अब फाग गा रहा ,

चले रंग हर ओर ,ख़ुशी कर रही ठिठोली ,

देख प्रीत के रंग ,खूब इठलाई होली।

--

होली के रंग मे रंगा ,गाँव ,शहर ,बाजार ,

खुशियाँ नाचीं झूम के ,पर्व हुआ गुलजार ,

पर्व हुआ गुलजार, जिंदगी फिर हरषाई ,

सबमे जागा प्यार ,ख़ुशी बौछारें आई ,

सब कहते हैं यार ,एक हो अपनी टोली ,

सबमे ही अनुराग ,जगाए पावन होली।

***

होली है / महेंद्र कुमार वर्मा

खुशियों के गुलाल

मौसम को भा गया होली का प्यार ,
खुशियां बन आ गया होली त्यौहार ,
उपवन में कोयल गीत गाने लगी ,
कली कली पे छाया अनुपम निखार।

ढोल थाप गूँजी देखो गली गली ,
नाच रहे रघु की सूरत भली भली ,
हर तरफ सज गए मेले गुलाल के ,
उदासी मिटी ,खुशियां हर और पली।

रंग में अनुराग जोश भी भरा भरा ,
होली में नाचें लेकिन जरा जरा ,
थिरक रहे हुरियारे ढोल थाप पर ,
मौसम मलंग हुआ ,झूमे ये धरा।

हास्य है ,परिहास है ठिठोली है ,
धूम मचाती होली की टोली है ,
लुटा रही धरती खुशियों के गुलाल ,
जोश तूफान की अपनी होली है।
***

होली है / महेंद्र कुमार वर्मा

होली कहानी संग्रह

लाला रंगीलाल

एक थे लाला रंगीलाल। नाम उनका रंगीला था ,

मगर रंगों से वह बहुत डरते थे। वह हमेशा
होली पर कभी अपने भांजे के यहां लखनऊ तो

कभी भतीजे के यहां फरीदाबाद भाग जाया करते थे। मगर इस
साल लाला रंगीलाल के यहां उनके भतीजे तथा भांजे दोनों होली
पर धावा बोलने वाले थे। अब तो लाला का डर के मारे बुरा

हाल हो रहा था। बेचारे चाह कर भी अपने अन्य रिश्ते
दारों के यहाँ नहीं जा पा रहे थे क्योंकि इन मेहमानों से पीछा

छुड़ाना उनके लिए टेढ़ी खीर था। अंत में लाला ने सोचा कि चलो
,इस साल इसी शहर में रहकर होली से बचेंगे।

लाला ने मन ही मन योजना बनाई कि होली के दिन वह सुबह से
ही अपने कमरे में कैद हो जाएंगे ,फिर चाहे कोई कितना बुलाए
,चीखे चिल्लाए ,प्रलोभन दे मगर वह दरवाजा नहीं खोलेंगे।

रंगीलाल ने अपने कमरे में भरपूर नाश्ता भी रख लेने का इरादा
कर लिया था,यह सोचकर कि पूरा दिन नाश्ता करके गुजार देंगे
,फिर जब होली का तूफ़ान ठंडा होगा ,तभी वह कमरे से बाहर
कदम निकालेंगे। योजना तो उनकी ठीक थी तथा सफलता की
भी उन्हें शतप्रतिशत उम्मीद थी ,मगर कॉलोनी के लाल भी

होली है / महेंद्र कुमार वर्मा

कमाल के थे। नीरज ,शुभम ,प्रतीक ,समर ये चारों होली के

उस्ताद माने जाते थे। चारों मित्र एक कमरे में इकट्ठे बैठे थे। उन की चर्चा का विषय था ,होली। उनके सामने समस्या थी कि इस बार होली का हीरो किसे बनाया जाए.शुभम ने कहा –
क्यों न इस बार लाला रंगी लाल को निशाना बनाया जाए। प्रतीक ने अनुमोदन लिया –
हां हां यही ठीक रहेगा। इस तरह लाला के मन में बसा होली के रंगों का भूत हमेशा के लिए भाग जाएगा।

नीरज ने शंका व्यक्त की –
मगर लाला तो हर साल होली में शहर छोड़कर भाग जाया करते हैं।

समर ने शंका का समाधान किया --
इस साल लाला बाहर नहीं भाग पाएंगे ,क्योंकि होली में इस बार उनके यहाँ उनके भांजे तथा भतीजे आने वाले हैं।

फिर सर्वसम्मति से होली के हीरो के रूप में लाला रंगी लाल का नाम पारित किया गया। इस के बाद एक घंटे तक उनकी

गुपचुप योजना बनती रही। जब उनकी सभा समाप्त हुई तो उन के चेहरों से ख़ुशी झलक रही थी।

होली की प्रातः सूरज ने अपने आगमन के पूर्व आकाश की

स्याही पोंछी तथा उसके मुख पर गुलाल इस तरह मला कि पूर्व दिशा का आकाश लाल हो उठा। फिर धीरे धीरे सूरज ने

होली है / महेंद्र कुमार वर्मा

आकाश पर अपने जोशीले कदम बढ़ाए ,चारों दिशाओं को

उजाले ने अपनी बाहों में समेट लिया ,तभी अचानक रंगी लाल

के दरवाजे पर दस्तक हुई तथा उन्हें समर का घबराया हुआ

स्वर सुनाई पड़ा –

चाचा जी चाचा जी ,जल्दी से दरवाजा खोलिये ,देखिये आपके

भतीजे को कोई ट्रक टक्कर मार कर भाग गया है।

रंगी लाल जी घबरा कर घर से बाहर निकले,और पूछा --कहां ?

समर ने इशारा करते हुए कहा --उस चौराहे के पास।

लाला रंगी लाल जी चौराहे की तरफ भागे ,मगर वहां न तो उन्हें

अपना भतीजा दिखा ,न भीड़ ,और न ही दुर्घटना के लक्षण नजर

आए।

तभी समर वहां पहुंचा,उसने कहा –

चाचा जी... वे रहे आपके भतीजे।

लाला ने पलट के देखा ,उनका भतीजा तथा भांजा कॉलोनी के

बच्चों के साथ रंग भरी पिचकारी लेकर उन्ही की तरफ चले आ

रहे थे।

समर चीखा –

चाचाजी भागिए ,वरना वे आपको रंगों से नहला देंगे।

लाला डर के मारा भागने लगे ,वे इतनी तेज भागे कि सारे लड़के

पीछे छूट गए। फिर एक मोड़ से वह आगे चले तो उन्हें एक हौज

होली है / महेंद्र कुमार वर्मा

दिखा। उन्होंने हौज में झाँक कर देखा। हौज एकदम सूखा था। उस पर रंगीन पत्थर जड़े थे। तभी उन्हें मोड़ से बच्चों का शोर

सुनाई पड़ा। वह झटपट हौज के भीतर घुस गए ,तथा दम साध कर हौज के भीतर लेट गए।

उन्होंने सोचा था कि बच्चे उन्हें न पा कर लौट जाएंगे तथा वह

बेदाग़ वापस घर चले जाएंगे। हौज के भीतर की शीतलता उन्हें भा रही थी। वह उलट पलट कर हौज की शीतलता का आनद लेने लगे ,फिर जब दस मिनट गुजर गए तथा बच्चों की आहट

उन्हें सुनाई न दी तो उन्होंने चुपके से हौज से बाहर झांका।

बाहर का दृश्य देख कर उनके होश उड़ गए। बाहर हौज को घेर कर सारे बच्चे शांति से उनके बाहर निकलने का इंतजार

कर रहे थे।

अब तो लाला जी के पास भागने का कोई रास्ता नहीं था ,अतः

वह आत्मसमर्पण के भाव से बाहर निकले तथा बच्चों से बोले – ठीक है ,मै हारा ,तुम लोग जीते।

प्रतीक बोला --
तो चाचा जी ,अब रंग डलवाने के लिए तैयार हो जाइये।

लाला भयभीत हो कर बोले –
बच्चों मै रंगों से बहुत डरता हूं ,अतः मुझे केवल गुलाल लगाना।

प्रतीक बोला --
हम आप पर न रंग डालेंगे न गुलाल ,मगर आप पर पानी की
होली है / महेंद्र कुमार वर्मा

बौछार हम अवश्य डालेंगे।

लाला जी मन ही मन सोचे कि चलो सस्ते में छूटे। फिर बोले –
हां हां ,डालो ,जितना पानी डालना है डालो ,मुझे कोई ऐतराज
नहीं है।

बच्चों ने लाला जी पर चारों तरफ से पानी से भरी पिचकारियां
दागनी शुरू कर दीं। मगर यह क्या ,जहां जहां लाला जी के
ऊपर पानी पड़ता वहां वहां से रंग बह निकलता। लाला जी
चकित हो उठे। बोले –
अरे ,यह तो चमत्कार हो गया ,मेरा शरीर लाल,नीला ,हरा
बैंगनी रंग छोड़ रहा है।

बच्चे हंस कर बोले –
नाम भी तो आपका रंगी लाल है न ,शरीर रंग तो छोड़ेगा ही।

रंगी लाल जी ने पूछा –मगर यह चमत्कार हुआ कैसे ?

नीरज ने बताया –
यह कमाल तो उस हौज का है ,जिसमे हमने पहले से ही रंगीन
पत्थरों पर सूखा रंग छिड़क दिया था और आप उसमे बड़ी शान
से छुपकर लेटे थे।

लाला जी ने पूछा –
मगर तुम लोगों को पता कैसे चला कि मै यहाँ हौज में छुप

होली है / महेंद्र कुमार वर्मा

जाऊंगा ?

प्रतीक बोला –
चाचा ,आप अपने मन से यहाँ थोड़े ही छुपे थे ,वह तो हम लोग आपको हांक कर यहां तक लाए थे।

तभी वातावरण में एक ठहाका गूंजा –फिर शुभम बोला –
चाचा जी ,यह तो पानी था ,अभी तो हमारे पास रंग गुलाल के

साथ वार्निश ,कोलतार भरपूर मात्रा में है ,मगर आप कोलतार वार्निश से अभी भी बच सकते हैं।

लाला जी ने हैरानी से पूछा –वह कैसे ?

बच्चों ने कहा –
आपको कल्लू हलवाई की दूकान पर हम सब को मिठाई

खिलानी पड़ेगी।

रंगी लाल जी धम्म से वहीं बैठ गए, फिर धीरे से कहा –
ढोल बजाओ ,ढोल।

फिर लाला रंगी लाल जी जोश में आकर ढोल की धुन पर नाचने लगे। नाचते नाचते लाला ने कहा –चलो।

सब बच्चों ने पूछा –कहां चलें ?

लाला जी ने नाचते नाचते गा कर कहा –

रंग बरसाओ

नाचो गाओ

होली है / महेंद्र कुमार वर्मा

बड़े मजे की

होली आई

चलो चलें

सब संग चलें

खाएंगे मिल

साथ मिठाई।

सभी बच्चे लाला रंगी लाल जी के साथ झूमते गाते ढोल बजाते

कल्लू हलवाई दूकान की तरफ चल दिए।

****

होली और हम

इस साल हमने फैसला कर लिया था कि हम होली कतई नहीं
मनाएंगे। अरे होली भी कोई त्यौहार होता हैं। रंग की जगह लोग
कीचड़ ,कोलतार ,पेंट आदि का प्रयोग कर अपने आप को
होली है / महेंद्र कुमार वर्मा

होली वीर समझते हैं। दफ्तर में भी होली के नाम पर इंक पैड की स्याही का खुल कर प्रयोग होता है। व्यंग्य बाण चलाने में भी लोग शलीलता अश्लीलता की सीमाएं तोड़ते नजर आते हैं। यदि किसी ने बुरा मुंह बनाया तो झट कहेंगे --

बुरा न मानो होली है। न बाबा न होली तो होली। होली के अगले दिन भी घर से बाहर न निकलने का हमने मन ही मन फैसला

कर लिया ,क्योंकि कई बार कुछ होली वीर होली के दिन तो

भांग पी कर सोए रह जाते हैं फिर अगले दिन उनका होली

उत्साह जागता है और वे लोगों के उजले कपड़ों पर रंग डालने में जुट जाते हैं।

अब होली में यदि हम घर में रहेंगे तो बाहर निकलना ही पड़ेगा , लोग ऐसे ही थोड़ी न छोड़ देंगे। अतएव हम गहरे सोच में लीन हो गए कि सांप भी मर जाए और लाठी भी न टूटे यानी हम घर में भी रहे और घर में न भी रहे। सो हमने कल्पनाओं के घोड़े

दौड़ाने शुरू कर दिए ,हमारे मनोमस्तिष्क में एक से बढ़ कर

एक विचार आने लगे। मगर थोड़ा सा नुक्स होता तो हम वह

विचार निरस्त कर देते। .चिन्तनकाल के दौरान हमारी

भावभंगिमाएं कई रूप बदल रही थीं। कभी चेहरा अचानक तन जाता ,कभी मुस्कुराहट खिल उठती ,कभी उदासी झलकने

लगती तो कभी कहकहा लगाने का मन करता। फिर जब हम चिंतन मुद्रा से उठे तो हमें ज्ञान की प्राप्ति हो चुकी थी। अब

होली है / महेंद्र कुमार वर्मा

हमारे पास एक जबरदस्त योजना थी ,एकदम फुलप्रूफ। हर

कोण से यह योजना शानदार थी।

अगली प्रातः हमने श्रीमती जी से चाय लेते हुए कहा --
इस बार होली हम ससुराल में मनाएंगे।

पत्नी ऐसे तो मायके जाने के लिए हमेशा एक पैर पर खड़ी रहती
थी ,किन्तु हमारा प्रस्ताव सुन कर वह चौंक उठी ,उसे किसी

षडयंत्र की बू आई, कहने लगी ,--
न बाबा ,अभी अभी क्रिसमस की छुट्टियों में तो गए थे ,क्या होली
में फिर जाएंगे ?

मैने दाना फेंका –

तो क्या हुआ ?चलो आज शाम को बाजार चल कर तुम्हारे लिए

साड़ी खरीद देते हैं।

साड़ी का नाम सुनते ही पत्नी मायके जाने के लिए सहर्ष तैयार हो
गई। फिर मै होली के तीन दिन पूर्व पत्नी तथा बच्चों को ससुराल
पहुंचा आया ,यह कह कर कि होली के एक दिन पहले मै आ

जाऊंगा। तो क्या मै अपनी दुर्गति करवाने के लिए ससुराल में
होली मनाने जाऊंगा। नही.... नही.... फिर मैंने होली के एक

दिन पूर्व एक पत्र ससुराल भिजवा दिया कि दफ्तर में कार्य की
अधिकता की वजह से मैं होली पर न आ सकूंगा।

होली है / महेंद्र कुमार वर्मा

इस तरह हमारी योजना का प्रथम चरण निर्विघ्न संपन्न हुआ। अब हमें होली में दो दिन अंडरग्राउण्ड होना था तथा उक्त काल के लिए नाश्ते आदि का इंतजाम करना था। सो बाजार जा कर हम ने मिल्क पाउडर का डब्बा ,ब्रेड ,अंडे,नमकीन ,बिस्कुट इत्यादि का जंगी स्टॉक जमा कर लिया। साथ ही साथ होली विशेषांकों का जखीरा भी भर लिया। अब हम निश्चिंत हो गए। दूध वाले

भैया ,महरी आदि को दो दिन पहले ही बता दिया था कि होली में हम ससुराल जा रहे हैं।

होली की पूर्व संध्या ,पूर्वनियोजित कार्यक्रम के अनुसार हम

अपने घर के शटरनुमा दरवाजे में ताला जड़ कर बाहर निकले। मुख्य द्वार का शटर इस तरह का था कि यदि उस में ताला लगा हो तो कोई कह नहीं सकता कि ताला भीतर से लगा है या बाहर से और इस सुविधा का हमने भरपूर लाभ उठाया। घर से बाहर निकलते ही कॉलोनी के बच्चों ने घेर लिया --
अरे अंकल ,आप कहाँ चले जा रहे हैं ?क्या होली यहां नहीं

मनाएंगे ?

हमने भी जुबान में मिश्री घोलते हुए कहा --
इस बार ससुराल जा रहा हूँ मै ,होली मनाने।

मगर कॉलोनी के बच्चे भला कहां छोड़ने वाले थे ,बोले --
ठीक है अंकल ,मगर होली का चन्दा तो देते जाइये। मजबूर हो कर हमें बच्चों को चंदा देना पड़ा ,फिर हम आगे बढ़ ही रहे थे

होली है / महेंद्र कुमार वर्मा

कि बच्चों ने फिर टोका --
अंकल ,आपके घर की लाइट भीतर से जल रही है।

हमने बच्चों को समझाया --
यह बत्ती मै जानबूझ कर जलती छोड़ कर जा रहा हूं ,त्यौहार में
घर में अंधेरा अच्छा थोड़ी लगता है।

हमने पड़ोसियों से विदा ली और रिक्शा करके स्टेशन के पास
के सिनेमाघर जा पहुंचे। हमारे पास सामान के नाम पर एक बैग
था। हमने फिल्म का अंतिम शो देखा और फिर रिक्शे से घर

वापिस लौटे। तब तक कॉलोनी के बच्चे होली जला कर अपने

अपने घर दुबक गए थे। कॉलोनी में नीरवता का साम्राज्य छाया
हुआ था। हमने चुपके से घर का दरवाजा खोला तथा भीतर

दाखिल हो कर ताला फिर से ज्यों का त्यों लगा दिया। रात्रि के

एक बज रहे थे। हमने एक जोरदार जम्हाई ली और बिस्तर पर
दुबक गए।

अगली प्रातः हम देर से सो कर उठे और वहीं से पत्नी को चाय
के लिए आवाज लगाई ,फिर याद आया कि श्रीमतीजी तो मायके
गई हुई.फिर हमने रेडियो लगाया। रेडियो में मधुर मधुर होली
गीतों की स्वर लहरियां गुंजित हो रही थीं। हमने सोचा --
काश ,फिल्मों जैसी होली हर जगह मनाई जाती तो हमें 48 घंटे
का कारावास यों न झेलना पड़ता।

फिर मुंह हाथ धोकर हमने स्नान कर लिया। क्योंकि होली तो

होली है / महेंद्र कुमार वर्मा

खेलनी नहीं थी। अब रेडियो बंद कर के हमने चाय ,जलपान का कार्यक्रम शुरू किया। बाहर से होली हुड़दंग की ध्वनियां सुनाई दे रही थी। एकाध बार हमने भी खिड़की की दरारों से झांक

कर देखा कि लोग रंगों से पुते कितने अजीब नजर आ रहे थे।

शक्ल ही पहचान में नहीं आ रही थी। हम भोजन बनाने के कार्य में जुट गए। फुरसत ही फुरसत थी। अतएव मन लगा कर हम कुकिंग का आनंद ले रहे थे। भोजन करने के पश्चात होली

विशेषांक के किताबी रंगों में भीगते रहे, मुस्कुराते रहे और कभी कभी ठहाके भी। पढ़ते पढ़ते पता नहीं कब हमारी नींद लग

गई। जब हम सोकर उठे तो रात के आठ बज चुके थे ,चारों

तरफ शांति ही शांति थी। हम गरम गरम एक प्याला चाय

पी कर

भोजन बनाने के कार्य में जुट गए। भोजनोपरांत पान खाने की

बहुत इच्छा हुई,मगर घर से बाहर निकलने में खतरा था ,

अतएव हमने बलपूर्वक अपनी उक्त इच्छा का दमन कर दिया तथा धीमें धीमे रेडियो से बरसते रंगों का आनंद लेते रहे। हमने सोचा चलो होली तो निर्विघ्न गुजर गई ,अब लोग अपनी बचीखुची भड़ास कल निकालेंगे और फिर परसों से सभी होली भूल कर अपने अपने कार्य में मशगूल हो जाएंगे। .रात देर तक होली

विशेषांकों का आनंद लेते लेते पता नहीं कब नींद आ गई।

होली है / महेंद्र कुमार वर्मा

अगली प्रातः अचानक भड़भड़ाहट सुन कर नींद खुल गई बाहर
से आवाजें आ रही थीं --
पोस्टमैन ,साहब अपना मनीआर्डर ले लो।

हम झटपट भागे भागे आए और ज्यों ही हमने शटर का ताला
खोला कि चारों तरफ से हम पर रंगों की बौछारें पड़ने लगीं। हम
 अचकचा गए। फिर जब हमने पूछा --
पोस्टमैन कहां है ?बच्चे शान से बोले --
हम लोग ही पोस्टमेन हैं ,रंगों का मनीआर्डर देने आए हैं... झट
पट पांच सौ का पत्ता निकालिये वरना कोलतार वार्निश तथा

कीचड़ की रजिस्ट्री भी आप को पेश की जाएगी।

हम डर गए। हमने झटपट उनको पांच सौ रूपए दिए और बच्चे
 दौड़ के हलवाई के यहाँ से मिठाई ले आए। फिर हमने बच्चों से
पूछा --
तुम लोगों को आखिर पता कैसे चला कि मै घर के भीतर हूँ।?

इस पर बच्चों ने बताया --
आप के बैठक कक्ष से रेडियो पर गूंजते होली गीत ,रसोई में

बर्तनों की झंकार ,क्या यह सब काफी नहीं था आप की

उपस्थिति का अंदाजा लगाने के लिए ? पहले तो हम लोग समझे
 कि कोई चोर भीतर न घुसा हो ,मगर जब हम लोगों ने खिड़की
की दरार से झाँक कर देखा तो भीतर आप दिखे। फिर हम लोग
 निश्चिंत हो गए ,और आपको बाहर निकालने के लिए हम लोगों
ने यह योजना बनाई।

होली है / महेंद्र कुमार वर्मा

फिर सभी मुस्कुराते हुए मजे से मिठाई उड़ाते रहे। मगर हमारा तो बुरा हाल हो चुका था। हमारे फुलप्रूफ योजना की धज्जियां

उड़ चुकी थी।अपनी बेवकूफी पर न तो हम रो पा रहे थे और न हंस। हाँ मगर खिसियानी हंसी हंस हंस कर बच्चों का

उत्साहवर्धन कर रहे थे।

ससुराल की होली

होली आने में अभी पंद्रह दिन शेष थे ,तभी हमें एक पत्र मिला। पत्र में लिखा था

आदरणीय जीजाजी ,

होली के शुभ अवसर पर हम आपको अपने यहां निमंत्रित कर के गौरव का अनुभव कर रहे हैं। वैसे भी हमारे यहां रिवाज है कि जीजाजी पहली होली ससुराल में ही मनाते हैं। और फिर

दीदी भी तो यहीं पर हैं.आशा करती हूं कि आप अपनी जांबाजी का परिचय देते हुए होली मनाने यहां अवश्य आएंगे।

शेष कुशल

होली है / महेंद्र कुमार वर्मा

आपकी साली

पत्र क्यों था यह तो एक चैलेन्ज था और सालियों से मिला यह

चैलेन्ज स्वीकार करने के अलावा हमारे पास कोई रास्ता भी तो नहीं था। हमने चैलेन्ज स्वीकार करके एक पत्र ससुराल भेज

दिया कि होली मनाने के लिए हम आ रहे हैं।

हमने पत्र भाभी जी को दिखाया तो वे मुस्कुरा कर बोलीं -- लालाजी जाइये ससुराल वहां आपकी दुर्गति का भरपूर इन्तजाम किया जा रहा होगा। फिर भाभी जी ने हमें कुछ गुरुमंत्र दिए।

उन गुरुमन्त्रों का मनन करते हुए होली के तीन दिन पहले हम ससुराल जा पहुंचे।

ससुराल में दो सालियां ,एक छोटा साला और एक हमउम्र साले साहब थे।हम पहली बार ससुराल गए थे अतः हमारी जमकर खातिरदारी की गई तथा हम भी साले -- सालियों को कभी होटल कभी सिनेमा ले जाकर अपने शरीफ जीजत्वता का परिचय देते रहे। होली की पूर्व संध्या हम सतर्क हो गए। रात्रि को जब सभी पड़ोस में जलने वाली होली देखने

गए ,हम सरदर्द का बहाना बनाकर घर में ही रह गए। सबके

जाने के बाद हमने चुपके से साली साहिबा का एक झीना दुपट्टा तथा साले साहब का नया सफ़ेद कुरता पजामा उठाकर अपने बैग में रख लिया। फिर जब सब लौटकर वापिस आए हमारा सर दर्द गायब हो चूका था। फिर साले -- सालियों के साथ बैठकर रात बारह बजे तक हंसी ठहाकों ,

होली है / महेंद्र कुमार वर्मा

चुटकुलों का शानदार कार्यक्रम चलता रहा। फिर सभी शुभ --
रात्रि कहकर सोने चल दिए। हम भी सोने चल दिए। सोने से

पहले हमने अपने चेहरे पर साली जी का दुपट्टा बाँध लिया। फिर
चादर तानकर निश्चिंत होकर सो गए। सुबह -
सुबह नींद में ही पता नहीं कौन हमारे मुख पर काला रंग

मलकर चला गया,और वह काला रंग सालीजी के झीने दुपट्टे ने
झेल लिया वरना सुबह -- सुबह सालियां अवश्य पूछतीं --
जीजाजी कहां से मुंह रंगवा कर आए हैं। होली का पहला झटका
हमने धीरे से झेला तथा दुपट्टा बिस्तर के नीचे डालकर हम सोने
का नाटक करने लगे।

थोड़ी देर बाद साली जी की सुमधुर ध्वनि सुनाई दी --
जीजाजी उठिये सवेरा हो गया ,हैप्पी होली ,लीजिये गर्मागर्म चाय
पीजिये। हम उनींदी आँखों से उठे ,फिर एक जोरदार अंगड़ाई
लेकर हमने चादर अलग किया। साली जी की नजर हमारे चेहरे
पर थी। हमारा बेदाग चेहरा देखकर उनका चौंकना हमारी

नजरों से छुप नही सका। मन ही मन उन्होंने सोचा होगा --
अरे वह काला रंग कहां गया। हमने भी उनके विचार भांपते हुए
कहा --रात हमने एक अजीब सपना देखा। साली जी ने पूछा --
क्या था सपना। हमने कहा --
रात कोई हमारे चेहरे पर काला रंग लगा गया था ,तो फिर हमें

नहाना पड़ा था। साली जी ने पूछा --
तो क्या आप नहा चुके हैं। हमने हंसते हुए कहा --
हां ,मगर सपने में। साली जी बोली--
लीजिये चाय पी लीजिये। हमने कहा --

होली है / महेंद्र कुमार वर्मा

क्षमा कीजिये साली जी ,हम सुबह की चाय अकेले नहीं पीते हैं।
साली जी ने पूछा --तो बिस्कुट ला दूं ,हमने कहा --
नहीं बिस्कुट से काम नहीं चलेगा ,हम तो चाय साली जी के साथ
पीएंगे। साली बोली --
ठीक है जीजाजी ,मै एक प्याली चाय और लाती हूं। साली चाय
लाई तो हमने कहा --
जरा पानी मिलेगा। साली उधर पानी लेने गई इधर हमने चाय
की प्याली बदल दी। पानी पीकर हम चाय मजे से पीते रहे और
साली जी मुंह बना बना कर चाय पीती रही। लगता है हमारी

चाय जो उन्हें पीनी पड़ रही थी ,में नमक कुछ ज्यादा ही पड़

गया था। बेचारी साली जी का दूसरा तीर भी उन्ही पर चल चुका
था। पहला तीर तो उनके दुपट्टे ने झेला था।

फिर पत्नी ने आकर फरमान जारी किया --
जल्दी से तैयार हो जाइये ,नाश्ता आ रहा है तथा सभी लोग होली
के लिए आपका बेसब्री से इन्तजार कर रहे हैं। हम ब्रश करके
आए तो देखा मेज पर कटलेट हमारा इन्तजार कर रहा था। दो
आँखें खिड़की से झांकतीं हुई हमें नजर आईं तो हम खिड़की
की तरफ बढ़े। आँखें गायब तथा भागते क़दमों की आवाज सुन
कर हमें लगा जरूर कुछ गड़बड़ है। हमने कटलेट को अखबार
में लपेटा तथा पलंग के नीचे सरकाया। फिर साले जी का सफ़ेद
कुरता पाजामा पहन कर तैयार होने लगे। कुरता --
पाजामा हम पर एकदम फिट था।

जब हम बाहर निकले तो हमने देखा छोटा साला मजे से कटलेट
खा रहा था। हमने भी उसकी प्लेट से लेकर कटलेट खाना शुरू

होली है / महेंद्र कुमार वर्मा

किया। कटलेट आते रहे हम जम कर खाते रहे। सालियां हंसी -
-जीजाजी आप बहुत पेटू हैं। हमने स्पष्ट किया --
पेटू तो नहीं हैं,मगर यहां आकर हो गया हूँ। ससुराल का मामला
है ,न खाओ तो सब कहेंगे --
बेचारे शर्माते हैं तथा खाओ तो कहेंगे --पेटू है। भरपूर नाश्ता -
चाय करके हम उठे। इसी बीच हमने मौका देखकर साले --
सालियों के सर पर गहरे काले रंग का चूर्ण इतनी सफाई से

डाला कि उन्हें आभास ही नहीं हो पाया की उनका सर एक ड्रम
गहरे रंग से भर चुका है।

फिर आँगन में जोरदार रंग --
गुलाल का कार्यक्रम था। पड़ोस से सालियों की सहेलियां भी आ
गई थीं। हमें ब्रज की होली अचानक याद आ गई ,जहाँ कि एक
कान्हा होते थे और ढेर सारी ब्रज बालाएं। हम चुपचाप बैठकर
सभी से रंग लगवाते रहे.हमारे यानी कि साले साहब के नए

कुरते की दुर्गति हो चुकी थी तथा हमारा चेहरा ऐसा लग रहा था
मानो किसी कार्टूनिस्ट ने कार्टून बनाते समय स्याही फैला दी

हो। हमने भी सालियों को जमकर रंगों से नहलाया। फिर

टेपरिकॉर्डर पर संगीत की धुनों पर सभी नाचते रहे झूमते रहे।

इसी तरह हंसी के तराने छेड़ती होली बीत गई। शाम को हमने
बैग से अपना नया कुरता --
पाजामा निकालकर पहनना चाहा ,मगर वह बैग में नहीं था। हम
ने सोचा ,वहीँ भूल आया होऊंगा। अगले दिन जब हम लौटने

होली है / महेंद्र कुमार वर्मा

लगे तो सभी उदास हो उठे --
जीजाजी एक दो दिन और रुक जाते तो अच्छा लगता। हमने

कहा --
अरे ,मै जा कहां रहा हूं ,मै फिर आ रहा हूं एक छोटे से ब्रेक के
बाद अगली होली में।

ट्रेन में हम चले जा रहे थे मीठी --
मीठी यादों के साथ ,तभी चाय वाला निकला। हमने उससे चाय
ली तथा पैसे देने के लिए जैसे ही पर्स खोला ,उसमे से एक पत्र

निकला। चाय वाले को पैसे देकर हम पत्र पढ़ने लगे।

आदरणीय जीजाजी ,

होली का आपने जिस होशियारी तथा चालाकी से सामना किया
वह तारीफ़ के काबिल था। मगर आपकी जानकारी अधूरी है,

पूरी जानकारी कुछ इस तरह की थी --
वह दुपट्टा जिस पर आपने काला रंग झेला था वह दरअसल

आपकी पत्नी का ही था तथा कुरता --
पाजामा आपको एकदम फिट कैसे आया ,अरे वह भी तो आप
का ही था। होली जलाने के पूर्व हम सारी तैयारियां करके गए थे।
 होली की सुबह की पहली चाय जो कि आपने सफाई से बदली
थी ,दरअसल दोनों चाय मजेदार थीं ,वो तो आपको खुश करने
के लिए हम मुंह बनाकर चाय पीने की एक्टिंग कर रहे थे।

कटलेट भी असली और मजेदार थे ,जो कि आप मांग --
मांग कर खा रहे थे तथा पलंग के नीचे से कटलेट लाकर आप

होली है / महेंद्र कुमार वर्मा

को ही खिलाया गया था। हमारे बालों में जो आपने गाढ़े रंगों का चूर्ण डाला था वह हमने पहले ही बदल दिया था तथा आज जाते जाते वह चूर्ण आपके बालों के हवाले कर दिया था --

तो जीजाजी कहिये कैसी रही ससुराल की होली।

--आपकी साली

फिर घर पहुँच कर हम एक सप्ताह तक बाल धोते रहे तथा

बालों से गाढ़ा रंग निकलता रहा।

होली के लड्डू

भरतनगर में लालाजी की एक शानदार मिठाई की दूकान थी। आस पास के गांवों में उनकी बनाई मिठाइयां मशहूर थीं। सभी शुभ अवसरों पर लालाजी की दूकान के लड्डू जरूर मंगवाए जाते थे।

एक दिन लालाजी दूकान पर बैठे बैठे कुछ सोच रहे थे ,तभी

नगर के शरारती बच्चों पर उनकी नजर पड़ी। बच्चों के मुखिया राजू ने लालाजी को नमस्कार करके कहा --
"चाचा ,हम चन्दा लेने आए हैं।

लालाजी को चुहल सूझी,उन्होंने चौंक कर कहा --
"चन्दा,अरे अभी काहे का चन्दा,अभी तो भरी दुपहरी है,अभी चाहो तो गर्मागर्म सूरज ले जाओ,बच्चों शाम को आना तो ठंडा

ठंडा चन्दा दिला दूंगा।"

राजू बोला -
" चाचाजी हम उस आसमान के चन्दा की बात नहीं कर रहे हैं।"

लालाजी बोले--
"ओह अब मै समझा,तो तुम लोग रज्जू लोहार की बेटी चन्दा को खोजने यहाँ आए हो,मगर माफ़ करना बच्चों,चंदा बिटिया यहां पर सुबह से ही नहीं आई है।

राजू ने स्पष्ट किया -
"चाचा हम होली का चंदा लेने आए हैं,अब बोलिये क्या

कहना है।"

होली है / महेंद्र कुमार वर्मा

लाला ने कहा-
'अरे बच्चों तो ऐसा बोलो ना,अच्छा कहो कितना चन्दा चाहिए ?"

राजू बोला -"चाचा मात्र पांच सौ रुपये,आगे आपकी मर्जी।"

लालाजी ने राजू को रुपये देकर कहा-
"जाओ बच्चों धूम धाम से होली मनाओ।

बच्चे जब जाने लगे तो लाला ने उन्हें रोक कर कहा --
"अरे बच्चो एक बात तो सुनते जाओ ,होली की पूर्व संध्या में तुम
सभी को मेरी तरफ से लड्डुओं की दावत रहेगी ,बच्चों जरूर
आना ,भूलना मत। "

राजू सहित सभी बच्चे खुशी से बोले -हम जरूर आएँगे चाचा।"

बच्चे तो शोर मचाते चले गए,मगर लालाजी को पिछली होली का
एक एक दृश्य याद आने लगा। गत वर्ष ये ही बच्चे जब होली का
चंदा लेने आए थे तो लालाजी ने उन्हें पचास का नोट पकड़ा

दिया ,मगर बच्चे दो सौ रूपए मांग रहे थे। काफी बहस चली

होली है / महेंद्र कुमार वर्मा

मगर लालाजी टस से मस न हुए। बच्चों को बहुत बुरा लगा और
उन्होंने लालाजी को पचास रूपए वापिस किये और चल दिए।
मगर होली के दिन बच्चों ने लालाजी को होली का हीरो बनाया।
उनको गधे पर बिठा कर पुराने जूतों की माला पहनाया गया

फिर उनका जुलूस निकला।उनकी हाय हाय के नारे लगाए गए.
उनके मुखड़े पर पेंट से चित्रकारी की गई।

लालाजी को जब जब पिछली होली याद आती उनका रोम रोम
जलने लगता।उन्हें इस होली का बेसब्री से इन्तजार था। वे इस

वर्ष बच्चों को ऐसा सबक सिखाने वाले थे कि बच्चे उसे जिन्दगी
भर याद रखें।इसीलिये उन्होंने बच्चों को लड्डुओं की दावत दी
थी। मीठे मीठे लुभाते लड्डू,मुंह में पानी लाते लड्डू,भांग भरे

मुस्काते लड्डू,जिसे खाकर बच्चे हो जाते लट्टू। लालाजी

मुस्कुराते हुए सोच रहे थे,जब इन भांग भरे लड्डू खाकर बच्चे
सोएंगे तो सोते रह जाएंगे,और जब नींद खुलेगी तो होली बीत

चुकी होगी,उनकी सारी होली की मस्ती नींद में ही धूम मचाएगी
,मीठे मीठे लड्डुओं के सपनों के साथ।

इधर राजू अपनी टोली के साथ विचार विमर्श में लीन था कि इस
बार लालाजी ने भरपूर चंदा दिया तथा उनकी पिछले वर्ष की

होली है / महेंद्र कुमार वर्मा

खातिरदारी देखकर सभी ने होली का भरपूर चन्दा दिया। फिर सवाल यह उठता है कि इस बार होली का हीरो किसे बनाया

जाय ?तभी मोनू ने कहा --
'यह सवाल तो बाद में उठेगा ,पहला सवाल तो यह है कि लाला जी हमें लड्डुओं की दावत क्यों देना चाहते हैं ?""सभी ने कहा -
-"हाँ भाई हाँ ,यह भी तो सोचने वाली बात है ,कहीं लालाजी ने

कोई प्लान तो नहीं बना रखा है।''राजू ने कहा--
"ठीक है दोस्तों,मगर लालाजी के हर सवाल का मेरे पास जवाब है,तुम सभी बस होली के हीरो की तलाश करो.

तभी वीरू ने बताया--
"उसके चाचा इस बार होली मनाने घर आ रहे हैं। "

राजू ने कहा -
"कौन ?बजरंगी चाचा,जो की फिल्मों में कॉमेडी करके खूब

हंसाते हैं."

सभी बच्चों ने राहत की सांस ली.चलो होली के लिए हीरो तो

मिला।

होली है / महेंद्र कुमार वर्मा

और जब बजरंगी चाचा आए तो अपने साथ बच्चों के लिए

लड्डुओं से भरी पिटारी लेकर आए.बच्चों ने जब उनसे होली का हीरो बनने की स्वीकृति माँगी,तो उन्होंने सहर्ष हामी भरी।

उन्होंने बच्चों को ढेर सारे लतीफे सुनाए,जिसे सुनकर बच्चे हंसी से लोटपोट होते रहे।

होली की पूर्व संध्या सभी बच्चों ने मैदान साफ किया।उस स्थल को रंग बिरंगी झंडी बन्दनवारों से सजाया।लकड़ियों के ढेर के बीच होलिका और प्रहलाद स्थापित किये गए। फिर वहां लाउड स्पीकर पर फ़िल्मी गीत गूंजने लगे.

वहीँ राजू के दिमाग में लालाजी के लड्डुओं की दावत खलबली मचा रही थी। उसने सोचा कुछ करना पड़ेगा ताकि लालाजी का प्लान फुस्स हो जाए।फिर उसने एक जबरदस्त प्लान बनाया

तथा अपनी टोली के सदस्यों को समझा दिया कि किसको क्या करना है। सभी बच्चे तैयार थे।

फिर शाम आई। सारे बच्चे सज धज कर लालाजी की दूकान पर लड्डुओं की दावत खाने पहुंचे।लालाजी ने उनका स्वागत

किया --
"आओ बच्चों,लड्डू खाओ ,ख़ुशी मनाओ। "लालाजी ने एक
होली है / महेंद्र कुमार वर्मा

थाल में लाकर लड्डू रखा। पहला लड्डू दीपू ने खाया,फिर

अचानक उल्टी करने लगा। सब घबराए ,यह क्या हुआ ?तभी

राजू चीखा -
"जल्दी पानी लाओ। " लालाजी भीतर पानी लेने चल दिए। फिर
जब दीपू ने उनके हाथ से पानी पिया तो उसकी उल्टी रुक गई।
सबने चैन की सांस ली और लड्डुओं पर धावा बोल दिया।दावत
खाकर ,लालाजी को धन्यवाद करके बच्चे चल दिए। लालाजी
की जान में जान आई ,चलो कितनी आसानी से मेरा प्लान

सफल हुआ। अब कल बच्चे भांग की नींद में ही होली का मजा
उठाएंगे। एक ठहाका लगाया लालाजी ने ,तभी उनकी नजर

एक पैकेट पर पड़ी जो कि टेबल पर रखी थी।

पैकेट शहर के नामी मिठाई की दूकान का लग रहा था। उन्होंने
पैकेट खोला तो देखा उसमें खुशनुमा महक भरे मोतीचूर के

लड्डू मुस्कुरा रहे थे।फिर रात को दूकान बंद करके जब वो घर
आए तो उनके साथ लड्डुओं वाला पैकेट भी था। फिर उन्होंने
लड्डू खाना शुरू किया और लड्डू खाते खाते कब वो बिस्तर

पर लुढ़क गए पता ही नहीं चला।

होली के दिन बच्चों ने बजरंगी चाचा को होली का हीरो बनाया।
पहले गधे का टीका करके उसे गेंदा की माला पहनाई गई। फिर

होली है / महेंद्र कुमार वर्मा

बजरंगी चाचा को गुलाब की माला तथा होली की नक्काशीदार टोपी पहना कर उन्हें गधे पर बैठाया गया। फिर ढोल थाप पर नाचते गाते होली का जुलूस निकला। बजरंगी चाचा भी बड़े मजे से होली का आनंद लेते रहे तथा तरह तरह से एक्टिंग करके

बच्चों को हंसाते रहे ,बड़ों को रिझाते रहे। मगर इस होली में

लालाजी का कहीं पता नहीं चला। जब उनके घर कोई उन्हें बुला ने गया तो पता चला वो सो रहे थे। जब उसने खिड़की से झाँक कर देखा तो पाया लालाजी वास्तव में गहरी नींद सो रहे थे।

होली के दूसरे दिन सारे बच्चे लालाजी को होली की बधाई और मिठाई देने उनके घर पहुंचे।

राजू ने कहा--
"चाचा होली की बधाई ,लीजिये होली के लड्डू,स्पेशल आपके लिए बनवाया था।

लालाजी ने देखा ,अरे ये तो वही महक भरे मोतीचूर के लड्डू थे।

लालाजी ने पूछा -"मगर कल तुम लोग होली में कहाँ थे ?"

होली है / महेंद्र कुमार वर्मा

बच्चों ने बताया --
"हम लोग तो जमकर होली खेल रहे थे ,हाँ आप ही कुम्भकर्ण
की नींद सो रहे थे,लगता है लड्डू आपको बहुत पसंद आए। "

लालाजी --"तो क्या वो लड्डू तुम लोग छोड़ गए थे ?"

राजू बोला --
"हाँ चाचा ,वो लड्डू आपके ही थे ,पैकेट हम लाए थे शुद्ध लड्डू
वाले,और वही लड्डू हमने खाए बड़े मजे से और आपके लड्डू
इस पैकेट में डाल कर छोड़ गए थे,और यह हेराफेरी हमने उस
वक्त की जब आप भीतर पानी लाने गए थे। "

फिर बच्चों ने लालाजी से एक स्वर में पूछा--
"तो बताइये चाचाजी कैसे रहे होली के लड्डू।"

होली है / महेंद्र कुमार वर्मा

होली नाटक संग्रह

होली कवि सम्मेलन

पात्र परिचय –

कवि रंगीला जी

कवि बेरंग जी

कवि सतरंगी जी

दर्शक गण

गंच संचालक

परदा खुलता है

सभी कविगण ने अपना स्थान ग्रहण कर लिया है।

होली है / महेंद्र कुमार वर्मा

मंच संचालक –
रंगारंग होली कवि सम्मेलन में आप सभी का स्वागत है। आज के कवि सम्मेलन में आप सभी पर कविता –
रंगों की बौछारें बरसाने आए हैं तीन जांबाज कवि। ये कवि

अपनी जांबाजी के रंगीले किस्से अपनी कविता के माध्यम से

सुनाएंगे। सबसे पहले कविता पाठ के लिए मै कवि रंगीला जी को आमंत्रित कर रहा हूँ। ये रंगपुर से आए हैं। ये एक बहादुर कवि हैं। हर साल होली के एक सप्ताह पहले ये अंडरग्राउंड हो जाते हैं तथा होली के एक सप्ताह बाद ही प्रगट होते हैं... साफ़

सुथरे बेदाग़। आइये इनकी कविता सुनते हैं। जोरदार तालियों से इनका स्वागत कीजिये।

दर्शक जोरदार तालियां बजाते हैं।

दर्शकों की तालियों को नमन करते हुए माइक पर रंगीला जी आते हैं।

रंगीला जी ---

हम हैं होली –वीर ,भैया हम हैं होली वीर,

नेता ,पुलिस ,अफसर पर ,रंग नहीं छोड़ेंगे,

अपने बेदर्द रंगों का रुख गरीबों पर मोड़ेंगे ,

रंगों भरे तराने हम सब पर बरसाएंगे ,

गाएँगे हम खुली सड़क पर गंदे भोंडे गाने ,

होली है / महेंद्र कुमार वर्मा

सबको नाच दिखाएंगे ,भई हम हैं बड़े सयाने,

ये गली ,ये सड़क,ये चौराहे सब हमरी जागीर ,

भैया हम हैं होली –वीर।

दादाओं को सलाम करेंगे

रंगदारों के पैर पड़ेंगे ,

सीधे सादे मुखड़ों पर

कीचड़ कोलतार जड़ेंगे ,

हुल्लड़ कर के ,शोर मचा कर ,

तोड़ेंगे सभ्यता और

शालीनता की जंजीर ,

भैया हम हैं होली -वीर।

कविता ख़त्म होते ही दर्शकों ने ताबड़तोड़ तालियों से रंगीला जी
का अभिनन्दन किया।

मंच संचालक –

वाह वाह !!रंगीला जी ,क्या वीरता भरी कविता सुनाई आपने ,

चार पंक्तियाँ आपके लिए –

रंग सब पर बरसाएंगे होली वीर ,

जम कर धूम मचाएंगे होली वीर ,

होली है / महेंद्र कुमार वर्मा

अगर कहीं आ गई हुरियारों की टोली ,

झट घर में घुस जाएंगे होली वीर।

दर्शक तालियां बजाते हैं।

हमारे अगले जांबाज कवि हैं रंग नगर से पधारे बेरंग जी। बेरंग जी द्वारा संपादक जी को प्रेषित रचनाएँ अक्सर इन्ही को वापिस मिल जाती है ,क्योंकि ये अक्सर ही लिफाफे में टिकट लगाना

भूल जाते हैं। डाकिया इनका लिफाफा इन्ही को सौंप कर डाक व्यय की दो गुनी राशि वसूल कर चला जाता है। ये बहुत देर तक समझ नहीं पाते कि आखिर उनसे गलती कहां पर हुई। तो

लीजिये आपके सम्मुख पेश करता हूँ हमारे आज के दूसरे कवि बेरंग जी को अपनी हास्य रचनाओं के साथ। उनका तालियों से जोरदार स्वागत कीजिये।

दर्शक ताली बजाते हैं ,और बेरंग जी माइक सम्हाले आते हैं।

बेरंग जी ---

कीचड़ ,कोलतार ,वार्निश से

लेंगें हम रंगों का काम ,

बाजार के रंगों का अब हम ,

भूलकर भी न लेंगे नाम ,

मिलावटी रंगों के नाम से

होली है / महेंद्र कुमार वर्मा

सदा हम डरते हैं ,

अगर नेत्रों में ये पड़ जाएं ,

नेत्रों की ज्योति हरते हैं।

टेसू का रंग खूब खिलता है ,

पर वह तो जंगल

में ही मिलता है ,

और शहर में हम रहते हैं ,

तभी आपसे सच कहते हैं ,

भूलो रंग ,लगाओ कीचड़ ,

कीचड़ में कमल खिलते हैं ,

और सबसे बड़ी बात ये है ,

कीचड़ हमेशा मुफ्त मिलते हैं।

दर्शकों की तालियां से हाल गूँज जाता है

और बेरंग जी काव्य पाठ कर अपना स्थान ग्रहण करते हैं।

मंच संचालक –
वाह...वाह !!क्या बात कही बेरंग जी ने। इस कवि सम्मलेन में तो
 आपने रंग जमा दिया।

होली है / महेंद्र कुमार वर्मा

लीजिये चार पंक्तियाँ बेरंग जी के लिए –

कीचड़ ,कोलतार छोड़िये ,गुलाल लगाइये ,

नफरत, द्वेष ,दुराव दिलों से मिटाइये ,

दिल की पिचकारी से छोड़िये तमाम रंग ,

प्रेम ,सद्भाव रंग से सब को भिगाइये।

अब आपके सामने प्रस्तुत हैं नवरंगबाद से पधारे कवि सतरंगी जी।

ये कवि कागजी होली बहुत खेलते हैं ,

कविताओं के रंगों से सभी को भिगोते हैं ,

वीर रस की कविताएं करते हैं ,

मगर होली के रंगों से तनिक डरते हैं

आइये कवि सतरंगी जी की कविताएं सुनें।

सतरंगी जी –

होली आते ही मै शहर से बाहर दूर कहीं खो जाता हूँ ,

दूर जंगल में जा कर आम पेड़ के नीचे सो जाता हूँ ,

शेर पर चलाता हूँ रंग भरी पिचकारी ,

चीते पर कीचड़ की बौछारें हाहाकारी ,

होली है / महेंद्र कुमार वर्मा

काले हाथी,काले भालू को भी न छोड़ा मैंने ,

बना दी उनके चेहरों पर पेंट से चित्रकारी।

जंगल के सारे जानवर मुझसे डरें रहे थे ,

हिरन खरहा भी भागे जो घास चार रहे थे।

तभी अचानक फल प्रहार से मेरा माथा फूटा ,

बन्दर जी के प्रहार से मेरा सपना टूटा।

अब शाम होने को आई ,

शहर की होली का खतरा टला ,

मै जंगल से निकलकर शहर वापस घर चला।

दर्शक जोरों से तालियां पीटते हैं।

मंच संचालक –वाह भई वाह क्या खूब सुनाया ,

लीजिये सतरंगी जी के लिए चार पंक्तियाँ ---

सतरंगी जी ने सपनों का संसार सजाया ,

सपने में ही सही शेर चीते पर रंग बरसाया ,

शुक्र करो ये शेर चीते सपने वाले थे जनाब ,

वरना सतरंगी जी का ही हो जाता सफाया।

होली है / महेंद्र कुमार वर्मा

अब मै आमंत्रित करता हूँ चौथे और अंतिम कवि को।

रंगीला जी –मगर यहाँ तो सिर्फ तीन ही कवि हैं ,

और हम लोग कविता सुना चुके ,अब ये चौथा कवि कौन है ?

मंच संचालक –इस होली कवि सम्मलेन का चौथा कवि मै हूँ।

मै एक ऐसा कवि हूँ जो सुनाने में विश्वास नहीं रखता ,बल्कि

दिखाने में विश्वास रखता हूँ।

तो फिर लीजिये प्रस्तुत है होली की सुन्दरतम रचना ,इसे महसूस
कीजिये –

फिर मंच संचालक के हाथ में अचानक पिचकारी आ गई और वे
कवियों पर रंग बरसाने लगे। तीनों कवि मुंह छुपकर रंगों से

बचने की नाकाम कोशिश करते रहे।

दर्शकों ने जोरदार तालियां बजाई।

परदा गिर गया।

***

होली है / महेंद्र कुमार वर्मा